TABLEAU GÉNÉRAL

DES

MINUTES DE NOTAIRES

DÉPOSÉES AUX ARCHIVES DE LA CHARENTE

PAR

P. DE FLEURY

ARCHIVISTE DU DÉPARTEMENT

ANGOULÊME

IMPRIMERIE CHARENTAISE G. CHASSEIGNAC ET Cie

REMPART DESAIX, 26

—

1880

TABLEAU GÉNÉRAL

DES

MINUTES DE NOTAIRES

TABLEAU GÉNÉRAL

DES

MINUTES DE NOTAIRES

DÉPOSÉES AUX ARCHIVES DE LA CHARENTE

PAR

P. DE FLEURY

ARCHIVISTE DU DÉPARTEMENT

ANGOULÊME

IMPRIMERIE CHARENTAISE G. CHASSEIGNAC ET Cie

REMPART DESAIX, 26

1880

ARRÊTÉ.

—

Nous, Maître des Requêtes au Conseil d'État, Préfet de la Charente, Chevalier de l'ordre impérial de la Légion d'honneur,

Vu la lettre de Son Exc. M. le Ministre de la Justice, en date du 21 mai 1823, qui contient les dispositions suivantes :

« Les minutes de l'ancienne communauté des notaires de l'Angoumois seront réunies aux archives départementales de la Charente ; elles seront classées en corps distincts formés par la réunion des actes dépendant d'un même office, et il en sera dressé un répertoire pour celles dont il n'en existe pas. Les notaires d'Angoulême auront seuls le droit de délivrer des grosses et des expéditions de minutes de l'ancienne communauté (art. 60 de la loi du 25 ventôse an XI). En conséquence, ils seront tenus de se rendre aux archives pour prendre connaissance des minutes sans les déplacer. L'archiviste percevra le droit de recherches, et celui d'expédition appartiendra aux notaires. Un arrêté réglera les droits de l'archiviste en prenant pour base l'article 14 de la loi du 21 ventôse an VII. »

Vu la lettre adressée le 10 juin 1823 à Son Exc. le Ministre de la Justice par Son Exc. le Ministre de l'Intérieur, qui adopte les dispositions susmentionnées ;

Vu la lettre de Son Exc. le Ministre de l'Intérieur, en date du 19 octobre 1858, relative à l'affectation du nouvel hôtel des archives historiques provenant soit du dépôt départemental, soit du greffe du présidial, soit de l'ancienne communauté des notaires ;

Vu la lettre de Son Exc. le Ministre de la Justice, en date du 27 décembre 1859, qui rappelle en l'approuvant la lettre précitée de l'un de ses prédécesseurs, en date du 21 mai 1823 ;

Vu la lettre de Son Exc. le Ministre de l'Intérieur, en date du 4 janvier 1860, faisant connaître que l'annexion des minutes de l'ancienne communauté des notaires de l'Angoumois aux archives départementales de la Charente a été définitivement arrêtée entre le département de la Justice et celui de l'Intérieur, sous la condition de se reporter aux termes de la décision ministérielle du 21 mai 1823 ;

Vu enfin le règlement général des archives départementales en date du 6 mars 1843 ;

Considérant que Son Exc. M. le Ministre de l'Intérieur prescrit, par sa lettre du 4 janvier 1860, de régler par un arrêté spécial les rapports entre l'archiviste départemental et MM. les notaires, en ce qui concerne le service des recherches, communications et expéditions des minutes,

ARRÊTONS :

ARTICLE PREMIER. — Les minutes composant l'ancien dépôt de la communauté des notaires de l'Angoumois seront transférées immédiatement dans le nouveau local dit maison Albert, qui doit être spécialement affecté aux archives historiques.

ART. 2. — Elles seront placées dans un appartement séparé dont la clé sera déposée dans le cabinet de l'archiviste du département, qui en sera constitué le gardien responsable, et qui devra les répartir par corps distincts formés par la réunion des actes d'un même office, et en dresser un répertoire pour celles dont il n'en existe pas.

ART. 3. — La communication de ces actes devra être

faite à MM. les notaires sur leur simple réquisition; mais elle ne pourra l'être aux particuliers qu'en vertu d'une autorisation de M. le Préfet de la Charente.

Art. 4. — MM. les notaires intéressés auront seuls qualité pour prendre et délivrer des expéditions authentiques.

Art. 5. — Les droits de recherches attribués à l'archiviste dans le dépôt spécial des anciennes minutes des notaires de l'Angoumois sont fixés, pour chaque recherche, à un franc pour chaque année de répertoire à examiner.

M. le Secrétaire général et M. l'Archiviste sont chargés de l'exécution du présent arrêté, qui devra être soumis préalablement à l'approbation de M. le Ministre de l'Intérieur.

Angoulême, le 20 janvier 1860.

Le Maître des Requêtes, Préfet de la Charente,

Signé : Chadenet.

TABLEAU GÉNÉRAL

DES MINUTES DE NOTAIRES DÉPOSÉES AUX ARCHIVES DE LA CHARENTE.

NUMÉROS D'ORDRE.	RÉSIDENCES.	NOMBRE DES ARTICLES.	DATES EXTRÊMES.	NOMS DES TITULAIRES.
1	Abzac..................	1	1635	Texier.
2	Adjots (Les).............	3	1711-1735	Deloûme.
3	Agris..................	10	1585-1737	Dubournais.
4	Id.....................	10	1660-1738	Gervais.
5	Id.....................	25	1585-1774	Ferrand, Renaud, Vidaud.
6	Aignes..................	4	1628-1790	Héraud.
7	Aigre..................	1	1667	Joreau.
8	Aizecq..................	8	1723-1764	Gavallet.
9	Ambernac..............	7	1677-1752	Rivet.
10	Ambleville.............	1	1662	Texerie.
11	Angeac-Charente........	6	1724-1765	Tabuteau.
12	Angeac..................	2	1748-1775	Rouhaud.
13	Angeduc..............	16	1687-1785	Delavergne, Augier, Richard, Papin, Nadaud, Guimberteau.
14	Anais..................	2	1633-1697	Fromentin
15	Angouléme.............	3	1398-1476	Desâges, Delaville, Lizée.
16	Id..................	18	1527-1682	Delasalmonie, Trigeau, Coruguet, Pichon, Gagnier.
17	Id..................	15	1583-1699	Bouchemousse, Poitevin, Vaslet, Guilhard, Devilleneuve, Simon.
18	Id..................	47	1663-1765	Jeheu.
19	Id..................	128	1565-1774	Mousnier, Gibault, Maignen, Gillibert, Caillaud.
20	Id..................	32	1532-1764	Maquelian, Penot, Chaignaud, Martin, Darny, Audouin, Poitevin.
21	Id..................	10	1633-1773	Saulterot, Augier, Tournier, Marchadier.
22	Id..................	170	1593-1762	Fèvre, Vachier, Micheau, Filhon, Lacaton, Gibaud, Rousseau, Debresme, Béchade, Seudre, Deroullède.
23	Id..................	3	1580-1672	Desbrandes.
24	Id..................	20	1596-1670	Boutillier, Huguet.
25	Id..................	32	1638-1775	Sicard, Pitre, Landreau.
26	Id..................	21	1588-1767	Tesseron, Delachèze, G. Martin, Bouillaud, Richeteau, Marivaud, Gandon.
27	Id...... ..,.........	26	1696-1781	Forcheron, Tournier.
28	Id..................	15	1618-1711	Godet, Rochette, Serpaud.
29	Id..................	35	1634-1755	Lacaton jeune, Huguet, Filhon, Delâge.
30	Id..................	66	1600-1785	Guyot, Blanchet, Tigrand, Grelon.
31	Id..................	32	1600-1784	Lacaton, Amelin, Mamain, Boilevin, Jeudy, Ducluzeau, Mathé.
32	Id..................	40	1617-1785	Martin, Mancié, Petit, Mallat.
33	Id..................	22	1619-1703	Jolly, Gaudobert, Dumergue, Martin, Thinon.
34	Id..................	17	1618-1755	Barreau, Varache, Peynaud, Rouhier, Filhon.
35	Id..................	17	1622-1712	Préverauld, Gautier, Gaignar, Boilevin, Bouillon.
36	Id..................	78	1622-1785	Fèvre, Martin, Dumergue, Duru, Souchet, Desprez, Bernard.
37	Id..................	41	1618-1745	Juilhard, Aigre, Dubois, Robin, Prévôt, Mancié.
38	Id..................	1	1656-1687	Tesseron.
39	Id..................	9	1687-1693	Peuple.
40	Id..................	17	1657-1703	Filhon.
41	Id..................	42	1589-1714	Cladier, Bonnet.
42	Id........	1	1665	Delafaye.
43	Anville................	9	1631-1743	Aurilhaud, Duchastelus, Hardy, Thenevot, Decour.
44	Id..................	5	1663-1740	Lhoumeau, Espaillard.
45	Id..................	1	1731-1733	Gaboriau.
46	Id..................	33	1584-1756	Brisson, Couvidou, Chérade, Coupeau, Chollet.
47	Id..................	1	1698-1738	Morand.
48	Id..................	4	1686-1733	Jamain.
49	Asnières...............	5	1680-1784	Gellinard, Simard, Couste.
50	Aubeterre.............	36	1593-1779	Decoulerie, Faure, Joubert, Daniaud, Bouillon, Paullet.
51	Id..................	21	1613-1778	Delachère, Lambert, Graulet, Bastry, Seguin, Brunelière, Boussaton.
52	Id..................	12	1624-1785	Rousset, Choloux, Nebout, Robert, Vouthier, Pichardie, Faure.
53	Id..................	8	1628-1740	Pascaud, Mérilhat, Redeailh, Desourne.
54	Id..................	5	1633-1674	Malleville, Decoulerie, Roulbier.
55	Id..................	8	1643-1752	Champagnole, Desages, Desgouttes, Girard, Birot, Blanchard, Petit.
56	Id..................	9	1620-1692	Clavaud, Desroziers, Girauld, Navarre.

NUMÉROS D'ORDRE	RÉSIDENCES.	NOMBRE DES ARTICLES.	DATES EXTRÊMES.	NOMS DES TITULAIRES.
57	Aubeterre..................	3	1651-1685	Deschaux, Olivier.
58	Id...................	2	1649-1674	Benoît, Thoumas.
59	Id...................	2	1666-1685	Poussard.
60	Id...................	3	1651-1678	Decarmagnac.
61	Id...................	1	1755-1787	Bouillon.
62	Id...................	2	1639-1678	Joyeux, Cognet.
63	Id...................	2	1785-1787	Bouillon.
64	Aubeville..............	11	1638-1694	Marin.
65	Aunac.................	1	1656	Greand.
66	Baignes...............	17	1694-1784	Aumaître, Micou.
67	Id................	1	1705-1750	Joubert.
68	Barbezieux............	21	1610-1779	Besson, Augeay, Jarnaut.
69	Id................	3	1748-1777	Braud, Drouhet, Gallier.
70	Id................	1	1664	Daniaud.
71	Bassac................	27	1615-1784	André, Thomas, Giet, Castaigne.
72	Id................	18	1738-1788	Guignard.
73	Bayers................	1	1737-1774	Gréau.
74	Beaulieu..............	1	1673-1684	Tharreau.
75	Bécheresse............	3	1624-1729	Rouhauld, Savary.
76	Id................	2	1710-1722	Buffeteau.
77	Bellon................	4	1631-1737	Decarmagnac, Lambert.
78	Id................	1	1675	Gentilhomme.
79	Benay.................	1	1701	Garnier.
80	Blanzac...............	18	1590-1780	Lévêquot, Audinet, Moyneau.
81	Id................	28	1581-1736	Bourneau, Brebion, Debrimenor, Poitevin, Lameau, Texier, Richard, Bellot, Houllier.
82	Id................	12	1601-1743	Pallissière, Audouin, Normandin.
83	Id................	5	1604-1724	David, Martin, Delabrousse, Thomas.
84	Id................	9	1631-1741	Besson, Pineau, Delafont, Godet.
85	Id................	12	1630-1700	Fouassier, Barbier, Rondeau, Lafouray, Besson, Delavergne, Audoyer, Buffeteau, Couprie, Tripelon, Mauget.

NUMÉROS D'ORDRE	RÉSIDENCES.	NOMBRE DES ARTICLES.	DATES EXTRÊMES.	NOMS DES TITULAIRES.
86	Id................	6	1686-1729	Hastier, Mauget, Rullier, Leberthon, Rabouin.
87	Id................	12	1656-1729	Geneau, Augeay, Blanleuilh.
88	Id................	4	1675-1762	Papin.
89	Id................	8	1697-1785	Maine, Moyneau.
90	Id................	7	1705-1780	Lafon, Marchand, Audouin.
91	Id................	9	1607-1747	Lameau, Rouhaud, Augier.
92	Blanzaguet............	1	1602	Nexon.
93	Bonnes................	7	1696-1742	Benoît, Bastry.
94	Bonneuil..............	2	1705-1722	Mocquet.
95	Bors..................	1	1754-1757	Ganivet.
96	Bourg-Charente........	3	1752-1772	Tallon, Bonnin.
97	Bouteville............	5	1504-1597	Petit, Leroy.
98	Id................	10	1560-1767	Defraismarois, Bernier, Rousseau, Delabrousse.
99	Id................	8	1678-1787	Poirrier, Richard.
100	Bran..................	12	1663-1740	Nouhet.
101	Brie-sous-la Rochefoucauld.	2	1648-1664	Vivien.
102	Brie..................	1	1701-1732	Margniet
103	Brillac...............	3	1595-1748	Dausais, Guarmat, Jansat.
104	Cellefrouin...........	10	1594-1768	Tharreau, Dufour, Devaures, Boutin, Thoumassin, Mesturas.
105	Id................	4	1621-1652	Dupuy, Geoffroy, Vérineau.
106	Id................	7	1649-1728	Naulin, Cormery, Bertrand, Decoldebœuf.
107	Id................	6	1603-1726	Carron, Bouniceau, Favard, Deryse, Cambois, Béchemilh.
108	Id................	6	1610-1731	Decoldebœuf, Ravard.
109	Id................	2	1612-1645	Haremand, Saulnier.
110	Id................	5	1615-1649	Marouteau, Vérineau.
111	Id................	1	1634-1649	Rodier.
112	Id................	1	1628-1655	Moreau.
113	Id................	5	1631-1773	Devaures, Boullioux, Binet.
114	Id................	5	1704-1787	P. Col.
115	Chabanais.............	10	1625-1775	Depoursat, Béchameilh, Delaquintinie, Jouzelaud, Vergnaud, Rougier, Vouzelaud.
116				
117	Chadurie..............	8	1633-1710	Parenteau.
118	Id................	1	1748-1749	Avril.
119	Chalais...............	2	1763-1789	Blanc, Dumeteau.
120	Champagne-Mouton.......	4	1575-1694	Ravard, Debord, Decoldebœuf, Thoumassin.
121	Id................	6	1580-1700	Mérigeaud, Normand, Dumas, Dubois.
122	Id................	6	1617-1715	Charretier, Plassais, Mesturas.

NUMÉROS D'ORDRE.	RÉSIDENCES.	NOMBRE DES ARTICLES.	DATES EXTRÊMES.	NOMS DES TITULAIRES.
123	Champniers.............	28	1585-1764	Pillorget, Mesturas.
124	Id................	13	1663-1770	Desport, André, Arrondeau.
125	Id................	9	1683-1730	Piffre, Fromentin, Benoît.
126	Id................	52	1699-1779	Decoux, Thuet, Saloton.
127	Charmant................	4	1663-1717	Dubois.
128	Charmé................	9	1677-1784	Forgerit, Delavallée.
129	Id................	1	1696-1698	Champeville.
130	Charras................	5	1756-1785	Lhomme-Delalande.
131	Chasseneuil.............	4	1636-1768	Desbains, Mesnier, Constantin-Delabreuille.
132	Id................	8	1635-1767	Fayou, Constantin.
133	Id................	4	1718-1750	J. Constantin, Delivertoux, Guerry, Gounin.
134	Chassiecq................	2	1632-1666	Chagnol, Gervais.
135	Id................	2	1638-1660	Charretier.
136	Châteauneuf.............	24	1617-1779	Bresson, Bouyer, Nouveau, Rullier, Tabuteau.
	Id................	25	1653-1783	Rondeau, Bidet, Ferrand.
137	Id................	26	1622-1774	Fèvre, Fontenaille, Jolly, Nouveau, Troullier.
138	Id................	25	1694-1777	Bazagier.
139	Id................	22	1697-1783	Nouveau, Manès, Couperie.
140	Id................	1	1742-1751	Lecler.
141	Id................	3	1730-1773	Ferrand.
142	Id................	5	1737-1773	Rullier.
143	Châtelard................	1	1703	Desbordes.
144	Chazelles................	5	1653-1729	Leblant.
145	Id................	15	1601-1747	Gignac, Barreau, Gignac, Marginière.
146	Id................	9	1638-1685	Blanchier.
147	Cherves................	2	1723-1741	Veyret.
148	Chevanceau.............	32	1681-1778	Maugars, Gaignerot.
149	Id................	5	1705-1725	Rocher.
150	Chèvrerie (La).............	16	1689-1721	Bhouuaud.
151	Chirac................	8	1657-1755	Delaprade.
152	Claix................	2	1693-1743	Debrault, Jamain.
153	Id................	1	1686-1708	Viaud.
154	Cognac................	1	1707	Giraud.
155	Condac................	8	1632-1751	Tharin, Machet.
156	Id................	2	1709 1710	Lasmier.
157	Confolens................	15	1632-1772	Burie, Piquadour, Chesne, Decoulombe, Chalafin, Boulet, Martin, Moureau.
158	Id................	1	1748	Degorces.
159	Id................	1	1738-1769	Audonnet.
160	Conzac................	1	1605-1637	Augeay.
161	Coulgens................	3	1631-1755	Gounin, Bessas.
162	Id................	5	1669-1786	André, Gounin, Aymard.
163	Courbillac................	21	1701-1764	Boitaud.
164	Couroôme................	2	1692-1701	Maridat, Duguet.
165	Id................	2	1688-1708	Hugon.
166	Id................	1	1694	Gachet.
167	Id................	2	1665-1702	Guyon.
168	Courgeac................	10	1638-1777	Février, Bourdier.
169	Id................	6	1715-1751	Lambert.
170	Courlac................	6	1715-1786	Joubert, Seguin.
171	Couronne (La).............	18	1551-1673	Sauvestre, Dexmiers.
172	Id................	25	1581-1715	Barbot, Péchillon.
173	Id................	36	1745-1781	Meslier, Delaire.
174	Couture................	8	1664-1768	Allein, Vincent.
175	Id................	4	1672-1752	Guillot, Baudouin, Riffault, Cretin.
176	Id................	1	1689-1727	Geoffroy.
177	Criteuil................	14	1657-1781	Bernard, Hérard, Prevostière, Roy.
178	Id................	25	1642-1727	Rullier.
179	Id................	1	1661	Rondrailh.
180	Deviat................	2	1749-1755	Dubois.
181	Dignac................	16	1662-1750	Dumontet.
182	Id................	6	1642-1737	Devanthenat, Ducoux.
183	Id................	14	1727-1774	Charles.
184	Id................	2	1728-1740	Delavergue.
185	Dirac................	9	1581-1675	Béraud, Clément.
186	Id................	12	1655-1747	Thuet, Peynaud, Mérilhou, Braud.
187	Id................	2	1590-1658	Fouchier, Lacoste.
188	Douzat................	3	1633-1700	Prévôt.
189	Ebréon................	8	1710-1747	Niveau.

NUMÉROS D'ORDRE.	RÉSIDENCES.	NOMBRE DES ARTICLES.	DATES EXTRÊMES.	NOMS DES TITULAIRES.
190	Echallat....................	14	1648-1740	Baudet.
191	Id....................	1	1680-1693	Isambard.
192	Empuré....................	1	1671	Baudouin.
193	Essarts (Les)............	10	1646-1697	Deschamps.
194	Etriac...................	35	1694-1759	Robin.
195	Faye (La)............	35	1639-1748	Texier, Demondion.
196	Fléac....................	27	1641-1754	Baudet, Delaconfrette, Debresme, Meslier.
197	Id.	1	1663-1687	Rouhier-Hélie.
198	Id.	1	1663-1671	Dumergue.
199	Fouquebrune............	25	1383-1779	Petiot, Jobert, Pierre, Godicheau, Jolain.
200	Id.	6	1651-1788	Chome, Petiot, Chauvignon.
201	Gavat....................	11	1661-1761	Renon, Lhomme.
202	Gardes....................	16	1684-1779	Dereix, Constantin.
203	Id.	8	1703-1746	David.
204	Genat....................	2	1580-1649	Plante.
205	Id.	7	1618-1721	Lairte, Bergeron, Plante, Debresme.
206	Id.	2	1653-1751	Massicot.
207	Id.	8	1634-1763	Bergeron, Hubert, Binant, Hubert.
208	Id.	11	1725-1786	Soullet.
209	Genouillac................	2	1686-1705	Denis.
210	Gourville................	3	1638-1706	Boysson, Delaconfrette, Schard.
211	Id.	17	1696-1775	Deleschelle, Briand, Rousseau.
212	Guimps................	10	1724-1773	Jourdonnaud, Decort, Naudine.
213	Id.	4	1667-1773	Daviaud, Pipaud.
214	Herpes................	15	1712-1775	Debussac.
215	Hiersac................	25	1645-1789	Baudet, Baruteau, Mérilhon, Fougerat.
216	Houlette................	9	1738-1769	Roux.
217	Jarnac................	5	1611-1689	Guillemeteau, Fourest, Dallidet, Desbordes.
218	Id................	2	1612-1617	Paranteau.
219	Id................	15	1670-1766	Vincent, Cauroy.
220	Id................	12	1671-1754	Berard, Besnard, Vassal.
221	Id................	21	1679-1753	Maurin.
222	Id................	1	1695	Labeur.
223	Juillac................	9	1617-1666	Jourdain.
224	Juillac-le-Coq............	6	1658-1727	Cailleteau, Dejarnac.
225	Id.	1	1784-1788	Regnault.
226	Juillé................	96	1654-1773	Mourou.
227	Id.	1	1688	Goumin.
228	Jurignac................	28	1621-1725	Delahaure.
229	Id.	5	1631-1733	Beillard, Boussiron.
230	Id.	2	1765-1787	Blanchard.
231	Id.	6	1755-1779	Nanot.
232	Ladiville................	3	1606-1700	Mesnard, Rabier.
233	Lessac................	8	1624-1693	Delaforgerie, Moreau, Gillet.
234	Id.	3	1630-1767	Tharaing, Mailhaud, Prevost.
235	Lesterps................	4	1717	Deterrenoze.
236	Lhoumeau................	39	1601-1731	Rouhier, Clochard.
237	Id.	9	1647-1746	Fétix, Boutillier, Voyer.
238	Ligné................	22	1677-1775	Puguier, Amiaud.
239	Lignières................	35	1698-1782	Joubert, Matignon.
240	Id.	18	1744-1770	Roy.
241	Lindois (Le)............	1	1692	Micheau.
242	Londigny................	1	1689	Brothier.
243	Loubert................	4	1634-1740	Rivet, Navillet, Mingaud, Marreau.
244	Luxé................	6	1642-1687	Roy.
245	Id	10	1650-1781	Lotte.
246	Luzignan................	1	1779	Fraigneau.
247	Magnac-sur-Touvre......	5	1600-1703	Tallut, Texier.
248	Magnac-Lavalette.........	4	1681-1737	Debect.
249	Id.	10	1708-1765	Delombre, Dubois.
250	Id.	3	1717-1744	Devige.
251	Mainfonds................	3	1683-1708	Prezat.
252	Id.	1	1686-1700	Pineau.
253	Malaville................	22	1571-1658	Fournier.
254	Id.	7	1631-1763	Frugier.
255	Malleyrand............	1	1681	Nau.
256	Mansle................	8	1604-1781	Tourboreau, Bot, Giraud, Bire.
257	Id.	22	1608-1765	Pressat, Chadouteau, Amblard, Hugon, Baudouin, Roux.
258	Id.	10	1621-1687	Roussier, Condat, Couste.

NUMÉROS D'ORDRE.	RÉSIDENCES.	NOMBRE DES ARTICLES.	DATES EXTRÊMES.	NOMS DES TITULAIRES.
259	Marcillac...............	4	1610-1683	Joubert, Debourdeau.
260	Id...................	7	1673-1718	Paillier.
261	Id...................	7	1715-1784	Grattereau, Goyaud, Dubois, Potet.
262	Id...................	24	1612-1763	Huet, Briand, Biard, Dusavary, Huet, Bernard, Huet, Goyaud, Faure, Briand.
263	Id...................	20	1631-1746	Babin, Texier, Goyaud.
264	Id...................	31	1631-1758	Estachon, Huet, Joubert.
265	Id...................	18	1634-1772	Barré, Estachon, Goyaud, Joubert.
266	Id...................	6	1620-1675	André, Arnaud, Jamain.
267	Id...................	21	1643-1774	Jarrijou, Robin, Guillon, Briand.
268	Id...................	50	1648-1756	Bourdeau, Huet, Chardon, Sudre, Huet, Goyaud, Char- peutier.
269	Id...................	23	1630-1760	Bachellon, Morin, Deleschelle, Huet.
270	Id...................	12	1648-1693	Aubinsau.
271	Id...................	6	1692-1735	Faure, Deleschelle.
272	Id...................	8	1689-1688	Aurilhaud.
273	Id...................	1	1662-1667	Delousche.
274	Id...................	9	1662-1684	Georget.
275	Id...................	15	1663-1706	Bourdeau.
276	Id...................	1	1659-1682	Faviez.
277	Id...................	21	1685-1761	Chardon.
278	Mareuil...............	5	1734-1778	Delaborde.
279	Marthon...............	1	1473	Béchade.
280	Id...................	2	1615-1689	Dumas, Delalande.
281	Id...................	12	1675-1765	Roux, Leblant, Tort, Artaud.
282	Id...................	13	1649-1782	Desrivaux, Desmazeaux, Trochière, Rouyer, Gignac, Légier, Biard, Mathé.
283	Id...................	5	1687-1751	Gignac.
284	Id...................	5	1704-1772	Lacaton, Gignac, Brouillet.
285	Id...................	5	1711-1772	Bailly, Leblant.
286	Marsac...............	11	1687-1684	Dubois, Rouhier.
287	Mas-Dieu...............	2	1630-1761	Cothineau, Gellé.
288	Massignac...............	7	1710-1782	Barusseau, Tardieu.
289	Mazerolles...............	4	1759-1787	Dubournais.
290	Mazières...............	4	1675-1669	Sandin, Desbordes.
291	Id...................	7	1689-1753	Martin, Bessas.
292	Mérignac...............	1	1654	Clémenceau.
293	Id...................	9	1733-1765	Gouillard, Mallet.
294	Id...................	19	1737-1768	Guillemin.
295	Métairies (Les)...............	4	1728-1750	Lhedet.
296	Mornac...............	6	1667-1733	Gauvry.
297	Montalembert...............	2	1700-1722	Brothier.
298	Montbron...............	12	1625-1748	Durousseau, Hébrard, Devillemandy, Guichaude, Blan- chon.
299	Id...................	23	1648-1782	Caillot, Bost, Jordain, Clément, Bessat, Debeaufort.
300	Id...................	4	1644-1735	Dumontet, Blanchard, Depradeau, Fayou.
301	Id...................	4	1682-1781	Bertin, Morinet, Lériget, Guichard.
302	Id...................	2	1668-1727	Desbordes, Dutreuilh.
303	Montauzier...............	7	1487-1719	Meschinet, Nouhet, Meriaud, Perron, Merrier.
304	Montchaude...............	1	1701-1744	Naudin.
305	Montembœuf...............	4	1619-1706	Chabanes, Castain.
306	Id...................	17	1628-1780	Desbordes, Freyret, Rolland, Vincent, Dejuignac, Denes- poux, Dupuy, Decongeat, Veyret.
307	Id...................	5	1669-1788	Dars, Vincent, Veyret, Delange.
308	Id...................	1	1752	Riffaud.
309	Id...................	8	1696-1777	Ducluzeau, Depressigou.
310	Montignac-Charente.......	22	1604-1741	Gaschet, Martin, Pappot, Thinon, Fumeau, Gorrain.
311	Id...................	18	1628-1736	Fayou, Pinault, Girard, Bauny, Bridier, Boilevin.
312	Id...................	26	1630-1774	Pouthier, Delaunay, Feniou, Mallet, Guillemot.
313	Id...................	4	1643-1676	Gesmond, Pichon.
314	Id...................	2	1631-1718	Chereau, Mallet.
315	Id...................	17	1631-1758	Bergeron, Amiauld.
316	Id...................	7	1586-1666	Sénéchal, Seguin, Delaborde.
317	Id...................	7	1646-1694	Thinon, Gesmond, Richon, Huet, Pappot, Michaud.
318	Id...................	40	1645-1760	Bouniceau, Fruchet.
319	Id...................	1	1716-1729	Gaschet.
320	Montignac-le-Coq.........	1	1629-1647	Giraud.
321	Montjean...............	7	1658-1777	Maigneu, Prat

NUMÉROS D'ORDRE.	RÉSIDENCES.	NOMBRE DES ARTICLES.	DATES EXTRÊMES.	NOMS DES TITULAIRES.
322	Montmoreau..............	38	1658-1786	Nebout, Maurice, Delafont, Moreau, Nebout, Moreau, Jay-Lacombe.
323	Id......	1	1690	Loreau.
324	Moulidars........	23	1596-1780	Condan, Baudet, Poussard.
325	Mouthiers...............	15	1653-1738	Béchet, Viauld, Papin.
326	Id..................	2	1693-1705	Paranteau.
327	Id.................	1	1701-1716	Chauvin.
328	Mouton.................	2	1604-1747	Roux, Constantin.
329	Mouzon.................	7	1675-1709	Vigneron.
330	Nersac.................	12	1667-1781	Gambier, Delafont.
331	Id..................	4	1623-1753	Floranceau, Delafont.
332	Nieuil.................	1	1721	Brangier.
333	Nonac.................	3	1734-1764	Landry.
334	Oradour-Fanais..........	1	1695-1732	Perrinet.
335	Ordières................	1	1744	Papaud.
336	Orival.................	6	1730-1780	Chambaudie.
337	Parzac.................	1	1703-1739	Bergier.
338	Péreuil.................	8	1621-1745	Verdeau, Rabouin, Constantin.
339	Pérignac.................	11	1681-1719	Robinet.
340	Peudry.................	8	1618-1743	Gilbert, Piraud.
341	Pillac.................	12	1673-1748	Bouillon.
342	Plassac.................	7	1627-1672	David.
343	Pontouvre..............	8	1683-1754	Roullet.
344	Poullignac...............	1	1651	Launay.
345	Pranzac.................	14	1627-1754	Chaignaud.
346	Id.................	4	1640-1684	Delâge.
347	Rochechandry (La)........	1	1654	Gaborit.
348	Rochebeaucourt (La)......	10	1530-1660	Delaveau, Desgranges, Martin, Joyeux.
349	Id................	7	1531-1780	Mercier, Thuet, Béillard.
350	Id................	1	1539-1547	Rousset.
351	Id................	10	1624-1744	Bouilhon, Menut.
352	Rochefoucauld (La)........	66	1603-1790	Simon, Perret, Grassin, Cailleteau, Albert, Touchet.
353	Id................	16	1005-1789	Mathieu, Rousseau, Delâge, Ragot, Dufour, Lulyer, Marchand, Desaunières, Juzeau, Touchet, Sibilet.
354	Id................	20	1606-1742	Godineau, Imbert, Cosnier, Mayou, Hérauld, Gaschet, Imbert, Brumauld, Imbert, Delanglard.
355	Id................	40	1627-1777	Lasquet, Benoît, Degorce, Chifflet, Chenevière, Juzeaud, Fayou.
356	Id................	16	1638-1788	Rivet, Legallois, Denis, Imbert, Jordain, Albert.
357	Id................	23	1628-1785	Desaunières, Delabatud, Mesnard, Poitevin.
358	Id................	8	1630-1744	Barré, Martin, Delabrousse, Grassin.
359	Id................	20	1635-1757	Dulignon, Gadou, Col, Faure.
360	Id................	4	1698-1781	Derassat, Pintaud.
361	Id................	18	1712-1779	Delanglard.
362	Id................	5	1712-1749	Fumeau.
363	Id................	6	1741-1776	Doche.
364	Id................	2	1738-1768	Juzeaud.
365	Rochette (La)...	2	1616-1666	Benoît, Fureau.
366	Roncenac.................	13	1652-1784	Nebout, Delamareuille, Gillibert.
367	Id..................	17	1618-1748	Dumayne.
368	Rouffiac.................	9	1653-1767	Thevenin, Constantin, Boivin, Danède.
369	Rougnac..........	24	1624-1790	Lacaton, Menut, Jacques, Dereix.
370	Rouillac......	22	1729-1777	Dhiersat.
371	Roullet.................	44	1571-1780	Hérauld, Pâtureau, Rouyer, Ordonneau, Jolly, Paranteau.
372	Id..................	16	1631-1737	Prouleau, Gauvry, Chiron, Tiffon.
373	Roussines..............	4	1616-1639	Chapelle, Fourie, Chazaud, Barusseau.
374	Id................	12	1620-1767	Debeaufort, Chapelle, Debeaufort.
375	Id................	14	1617-1758	Chapelle, Denis, Debonnefont, Javellaud, Brachet, Debeaufort.
376	Id................	1	1626-1656	Thourissaud.
377	Id................	2	1631-1658	Fournier, Chazaud.
378	Id................	1	1636-1661	Reynaud.
379	Id................	8	1638-1773	Denis, Debeaufort.
380	Ruelle.................	5	1716-1748	Lalande.
381	Id................	3	1743-1760	Thevenot.
382	Ruffec.................	15	1604-1727	Hardy, Riffaud, Baudrand, Garin, Daigre.
383	Id................	7	1603-1604	Lériget, Nicol, Amiaud, Coullaud, Massonnet, Garimenat.
384	Id................	5	1609-1718	Dubois, Delamaisonneuve, Grimaud, Foucher.

NUMÉROS D'ORDRE.	RÉSIDENCES.	NOMBRE DES ARTICLES.	DATES EXTRÊMES.	NOMS DES TITULAIRES.
385	Ruffec	8	1609-1710	Rousseau, Delaire, Lanvilléon, Tartas, Foucher, Deloûme.
386	Id	11	1629-1732	Baudin, Boisson, Prévôt.
387	Id	6	1657-1707	Billault, Gallais, Landais, Nardeux, Gestreau.
388	Saint-Amaud-de-Boixe	13	1646-1777	Amiaud, Landry, Mignot.
389	Id	1	1660-1675	Mallet.
390	Saint-Amand-de-Grave	22	1667-1748	Brugeron.
391	Saint-Amand-de-Montmor	10	1706-1785	Estancheau, Gerbaud.
392	Saint-Amand-de-Nouère	15	1664-1787	Mathieu, Guilhot.
393	Id	3	1784-1786	Guilhot.
394	Saint-Angeau	26	1602-1763	Brousse, Constantin.
395	Saint-Aulaye	7	1631-1752	Baussan, Benyer, Charles.
396	Saint-Claud	24	1614-1788	Girard, Lulyer, Dubois, Boissière, Doche, Mesturas.
397	Id	13	1688-1779	Boissier, Mesturas.
398	Id	9	1714-1770	Boissière, Rizat.
399	Id	6	1725-1770	Lucquat, Harmand, Charruaud, Martin, Rizat.
400	Sainte-Colombe	3	1756-1771	Albert.
401	Saint-Cybardeaux	5	1670-1712	Petit.
402	Saint-Estèphe	2	1628-1689	Deprouzat, Hardouin.
403	Id	2	1682-1735	Jolly.
404	Saint-Fraigne	7	1656-1749	Groussard, Durochier, Egreteau, Grattereau, Robichon, Pintaud.
405	Id	4	1706-1780	Devezeau, Béchemilh.
406	Saint-Genis-d'Hiersac	33	1627-1768	Couvidat, Dubois.
407	Id	30	1634-1783	Couvidat, Veau.
408	Saint-Germain-de-Montbron.	7	1591-1744	Daurens, Mourichon, Pressac, Rebière, Néaulme, Desmazeaux, Gaignon.
409	Id	8	1628-1743	Ourrinaud, Dutreilh, Jamet, Desmaroux, Dusseris.
410	Id	4	1664-1747	Brouillet, Marchand, Brantôme.
411	Id	1	1686	Beau.
412	Id	1	1686	Brouillet.
413	Saint-Gervais	35	1629-1785	Béchemilh.

414	Saint-Laurent-de-Belzagot	9	1720-1781	Loreau.
415	Saint-Martial	2	[illegible]	[illegible]
416	Saint-Mary	5	1660-1793	Chambon, Delabrousse, Mesnard, Albert.
417	Saint-Maurice-des-Lions	4	1596-1767	Houmet, Rodier.
418	Saint-Même	4	1699-1776	Bouneau, Bitaudeau.
419	Id	16	1724-1787	Bitaudeau, Mocquet.
420	Saint-Quentin	17	1747-1783	Lajeunie.
421	Sainte-Radégonde	4	1701-1777	Vidaud, Rouhet, Trouvet, Esmain.
422	Id	1	1760	Proullet.
423	Saint-Romain	1	1734-1741	Paullet.
424	Saint-Saturnin	2	1621-1662	Guerin, Pelgeay.
425	Id	1	1611-1645	Baudet.
426	Saint-Séverin	21	1612-1743	Grelon, Pascaud, Grelon.
427	Id	2	1626-1683	Lespée, Demorillière.
428	Id	2	1671-1673	Roche, Denis.
429	Id	4	1640-1678	Grelon.
430	Id	1	1645-1660	Delabarrussias.
431	Saint-Surin	1	1656	Resnier.
432	Salles	11	1614-1693	Faure, Bienassis, Bouffenier, Boucheron.
433	Salles-la-Valette	9	1674-1763	Boucheron, Périer.
434	Id	1	1759-1767	Joyeux.
435	Sansac	1	1727	Dubois.
436	Saulgon	5	1739-1763	Simon.
437	Sauvagnac	1	1671-1701	Javilland.
438	Segonzac	39	1660-1780	Roy, Barraud.
439	Id	6	1668-1678	Roy.
440	Id	17	1659-1705	Mocquet.
441	Id	34	1694-1768	Mocquet, Joubert-Pontoché.
442	Id	35	1660-1777	Dejarnac.
443	Sireuil	24	1577-1752	Levrault, Thomas, Moizan.
444	Id	38	1633-1782	Mercier, Thomas, Porte, Ordonneau.
445	Id	4	1725-1774	Boistaud.
446	Suaux	7	1631-1796	Deplanche, Maingaud, Deplanche, Devillemandy.
447	Torsac	19	1618-1738	Chaignaud, Deschaud, Ladeilh.
448	Id	1	1655-1664	Garnaud.
449	Touvre	1	1741-1750	Mérilhon.
450	Touzac	9	1617-1769	Monnerot.
451	Id	8	1730-1774	Texier.

NUMÉROS D'ORDRE.	RÉSIDENCES.	NOMBRE DES ARTICLES	DATES EXTRÊMES.	NOMS DES TITULAIRES.
452	Touzac.................	5	1733-1778	Roux.
453	Tusson.................	5	1677-1780	Foucaud, Chataignon, Bourrot, Derouffignac.
454	Id....................	1	1691	Branlat.
455	Tuzie..................	9	1738-1768	Deloûme.
456	Id....................	2	1754-1767	Deloûme.
457	Valette (La)...........	17	1636-1774	Ducoux, Delonlaigne. Deroullède, Vignaud.
458	Id....................	1	1742	Gibouin.
459	Id....................	13	1637-1749	Exandon, Gibouin, Chaignaud, Constantin.
460	Id....................	19	1651-1776	Dutaix, Bourrut, Vignaud.
461	Id....................	3	1655-1673	Faure, Dubois, Boucheron.
462	Id....................	3	1668-1671	Estanchon, Valler.
463	Vars..................	3	1607-1681	Sebilleau, Chaussat.
464	Id....................	6	1654-1754	Courtaud, Redon, Seigneuret.
465	Id....................	17	1666-1760	Moulin, Salmon, Morand.
466	Id....................	7	1751-1780	Morand.
467	Vaux-Rouillac..........	32	1639-1734	Daniau, Comte.
468	Vaux-la-Valette.........	1	1756-1777	Bourrut-Desrues.
469	Verdille...............	1	1671-1676	Aubineau.
470	Verrières..............	10	1682-1767	Fortet, Delaroche, Philibert.
471	Id....................	3	1695-1759	Delafaye, Hospitel.
472	Verteuil...............	7	1622-1689	Pascaud, Coyrard, Maridat, Martin, Brumaud, Lopte, Gavallet.
473	Id....................	9	1683-1768	Texier, Potet.
474	Vieux-Ruffec...........	1	1630	Rivier.
475	Vibrac................	5	1652-1704	Feuilhet, Miran.
476	Vignolles	2	1638-1683	Macault, Chadennes.
477	Id....................	1	1666	Seguin.
478	Id....................	1	1658-1700	Couste.
479	Villefagnan............	3	1609-1783	Philippier, Couturier.
480	Villegast..............	8	1724-1781	Coutant, Raymbauld.
481	Villejésus.............	2	1630-1670	Baron, Lotte.
482	Villognon.............	2	1701-1746	Bonnet.
483	Vindelle..............	8	1655-1739	Daviau.
484	Id....................	1	1662-1683	Desprez.
485	Vitrac................	4	1691-1744	Blondet, Detreuilh, Fayou.
486	Id....................	5	1721-1781	Pelletan.
487	Id....................	5	1724-1774	Debord.
488	Id....................	2	1743-1785	Grassin, Debord.
489	Voulgézac.............	10	1634-1759	Marin, Thibaud, Lennat, Thevet.
490	Id....................	1	1649-1660	Delabatud.
491	Vouzon...............	4	1742-1783	Durand.
492	Xambes...............	14	1607-1721	Tourneur, Mallet.
493	Yviers................	1	1715-1730	Pineau.

SUPPLÉMENT.

NUMÉROS D'ORDRE.	RÉSIDENCES.	NOMBRE DES ARTICLES	DATES EXTRÊMES.	NOMS DES TITULAIRES.
494	Bessac................	2	1676-1719	Constant.
495	Bunzac...............	3	1723-1765	Cousseaud.
496	Château-Renaud.........	1	1694-1715	Bidet.
497	Gondeville.............	8	1609-1731	Chollet.
498	Marillac...............	6	1658-1688	Vidaud.
499	Saint-Germain-sur-Vienne..	5	1614-1757	Bessac, Thorigné, Thenault.
500	Id....................	5	1581-1704	Desvergnes.
501	Id....................	5	1629-1748	Deroches, Descubes.
502	Id....................	15	1643-1741	Marchand.
503	Saint-Sornin...........	1	1654-1668	Delafon.

www.ingramcontent.com/pod-product-compliance
Lightning Source LLC
Chambersburg PA
CBHW050500210326
41520CB00019B/6287